the Mosaic does not list the names given to these Angels in the book of Enoch, it does list the portion of the year in which each Angel is responsible for.

Each description starts with the word těquwphah (Strong's H8622 תקופה) meaning circuit of time or space, and coming around. After this initial word, each Angel then has a month assigned to them which represents the season that they are responsible for. The Angel on the top right has the word "תישרי" next to it which is transliterated as Tesheriy. This is the Aramaic word for the 7th month of the year. This tells us that this Angel is responsible for the Fall portion of the year. Enoch reveals that this Angel's name is Mali'EL. The Angel on the top left has the word "תבת" next to it which is Strongs H2887; transliterated as Tebeth and meaning the tenth month. This lets us know that this is the Angel responsible for the Winter portion of the year. Enoch informs us that this Angel's name is Ner'EL. The Angel on the bottom left has the word "ניסן" next to it which is Strong's H5212; transliterated as Nisan and meaning the first month of the year. This indicates that this Angel is responsible for the Spring portion of the year. His name listed within the book of Enoch is Malki'EL. Lastly, the Angel on the bottom right corner has the word "תמוז" which is Strong's H8542; transliterated as Tammuz and meaning the fourth month. This infers that this Angel is responsible for the Summer portion of the year. He is named Elimelek in the book of Enoch.

While much more can be said about this Mosaic image; we can say without doubt that this is assuredly an ancient depiction of the Enoch calendar. This proves that as recent as the sixth century AD, Hebrew believers in YAHOSHUA were measuring time based on the writings of the great prophet Enoch.

Ancient Mazzaroth mosaic at Beit Alfa Synagogue in Heftziba, Israel.

Daniel, when prophesying of the wicked nations and kings who would arise in the latter days, said that the eleventh horn (king) on the fourth beast (nation) *"shall think to change times and laws."* The Gregorian calendar in which most of the world uses to measure time is a direct fulfilment of this prophecy. This false calendar begins the year during winter where all of nature reflects death and decay.

Enoch's calendar, on the other hand, starts with spring when life is budding and beginning again. It is wiser to measure time in accordance to how the creator of time measures it, rather than following men. YAHOWAH is worthy of high praise for revealing these secrets to the saints of the latter days, and for providing us with visual proof and evidence to show that HIS Word is true. Blessed be He who sits upon the throne forever and ever. Amen. *Written by Jonathan Cordero*

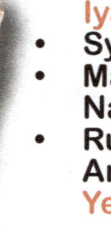

SHOR = BULL

- 2nd Month: Iyar
- Symbol: Bull
- Mazzaroth Name: Shor
- Ruling Angel: Yeshusha'EL

April 2021

IYAR / אייר

The Bull
The Bull symbolizes the leadership and the strength of YAHOSHUA. The Hebrew letter ALEPH is the figure of the Bulls head. The Messiah is the Aleph and Taw. "I am Aleph and Taw, saith YAHOWAH." (Rev 1:8)

First Yom Reshon Sunday	Second Yom Shenee Monday	Third Yom Shelishi Tuesday	Fourth Yom Rebi'ee (Midst of Week) Wednesday	Fifth Yom Khamishee Thursday	Sixth Yom Shi'shee Friday	Sabbath Shabbath Saturday
The Firstborn Birthright and The Bull "AND LO, A BULL UPON THE EARTH, WITH TWO GREAT HORNS, AND AN EAGLE'S WINGS UPON HIS BACK; AND WE WISHED TO SEIZE HIM, BUT COULD NOT. BUT YOSEPH CAME, AND SEIZED HIM, AND ASCENDED UP WITH HIM ON HIGH." (NAPHTALI 5:6-7)				1 Passover Abib 15	2 Khag Matzah Abib 16	3 Yahoshua's Resurrection Abib 17
4 Omer 1 Khag Matzah Abib 18	5 Omer 2 Khag Matzah Abib 19	6 Omer 3 Khag Matzah Abib 20	7 Omer 4 Passover End Abib 21	8 Omer 5 Abib 22	9 Martyrdom of James Zebedee Apostle of Yahoshua	10 1st Sabbath Abib 24
11 Omer 8 Abib 25	12 Omer 9 Abib 26	13 Omer 10 Abib 27	14 Omer 11 Abib 28	15 Omer 12 Abib 29	16 Omer 13 Abib 30	17 IYAR 1 2nd Sabbath
18 Omer 15 Iyar 2	19 Omer 16 Iyar 3	20 Omer 17 Iyar 4	21 Omer 18 Iyar 5	22 Omer 19 Iyar 6	23 Omer 20 Iyar 7	24 3rd Sabbath Iyar 8
25 Omer 22 Iyar 9	26 Omer 23 Iyar 10	27 Omer 24 Iyar 11	28 Omer 25 Iyar 12	29 Omer 26 Iyar 13	30 Omer 27 Iyar 14	

WHAT IS THE MAZZAROTH?

In the northern slopes of the Gilboa mountains of Israel, there rests the remains of a sixth century synagogue called Beit Alfa (אלפא בית). This building once housed a congregation of Israelites who kept the commandments of ELOHIM and the faith of YAHOSHUA. After lying dormant for centuries and covered by the sands of time, YAHOWAH in His infinite wisdom and foresight allowed this synagogue to be rediscovered and excavated in 1928; followed by a second round of excavations in 1968. Our MASHIAKH said "There is nothing covered, that shall not be revealed; neither hid, that shall not be known." This synagogue has been brought to light in these latter days as a testament and witness to show that not only did the early assemblies of YAHOSHUA keep the law, but they also kept the Enoch Calendar.

Assorted on the floor of the Beit Alfa Synagogue are three beautiful and excellently preserved mosaics. When you first walk into the synagogue (which has now been turned into a national park and museum), you are greeted with a mosaic depiction of the binding of Isaac by his father, Abraham. On the opposite end of the floor, there is a mosaic of various images including two menorahs, two olive trees, a shofar and several other Hebrew symbols. This section of the synagogue is where the Torah scrolls were housed and read from. In between these two mosaics (which each deserve a writing of their own), there lies an undefiled depiction of **the Mazzaroth** (which the heathen call Zodiac); which also serves as a calendar based on the measuring of time written within the book of Enoch.

The mosaic shows a wheel within a wheel with twelve separate sections in the outer wheel. These twelve sections depict the symbols of the twelve constellations in the Hebrew Mazzaroth. The twelve sections also represent the twelve months within a year. Each section also lists the name of their respective constellations. Depicted in the inner wheel is the Glory of YAHOWAH, and four living beasts as described by the prophet Ezekiel, and John the Revelator. On each corner of the outer wheel, there is an Angel.

These Angels are of the Watcher class and are responsible for managing the dividing of the year into four portions (seasons) as mentioned in **Enoch 82:11**. *"And these are the names of the leaders who divide the four parts of the year which are ordained: Malki'EL (My King is ELOHIM), Elimelek (My ELOHIM is King), and Mali'EL (I am Filled with ELOHIM), and Ner'EL (Lamp of ELOHIM)."* While

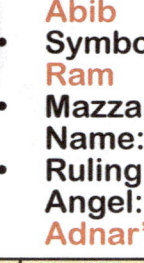

TELA = LAMB

- 1st Month: Abib
- Symbol: Ram
- Mazzaroth Name: Tela
- Ruling Angel: Adnar'EL

March 2021

ABIB / אביב

The Ram
The first symbol of YAHOSHUA, as the "Lamb slain from the foundation of the world." (Rev 13:8) He is the leader of the sheep, adorned with a crown (horns). This Mazzaroth represents strength, sacrifice and purity.

First *Yom Reshon* Sunday	Second *Yom Shenee* Monday	Third *Yom Shelishi* Tuesday	Fourth *Yom Rebi'ee* *(Midst of Week)* Wednesday	Fifth *Yom Khamishee* Thursday	Sixth *Yom Shi'shee* Friday	Sabbath *Shabbath* Saturday
	1	2	3	4	5	6
7	8	9	10	11 1st Day of Release	12 2nd Day of Release	13 3rd Day of Release
14 4th Day of Release	15 5th Day of Release	16 6th Day of Release	17 SPRING EQUINOX 7TH DAY OF RELEASE	18 ABIB 1 New Years	19 Abib 2	20 Abib 3
21 Abib 4	22 Abib 5	23 Abib 6	24 Abib 7	25 Abib 8	26 Abib 9	27 Abib 10
28 Abib 11	29 Abib 12	30 Abib 13	31 Crucifixion Passover Eve Abib 14			

Siwan / May 2021 סיון

First Yom Reshon **Sunday**	Second Yom Shenee **Monday**	Third Yom Shelishi **Tuesday**	Fourth Yom Rebi'ee (Midst of Week) **Wednesday**	Fifth Yom Khamishee **Thursday**	Sixth Yom Shi'shee **Friday**	Sabbath Shabbath **Saturday**
	• 3rd Month: Siwan • Symbol: Twins • Mazzaroth Name: Taomim • Ruling Angel: Alumi'el	The Twins The Twins are symbolic of the two offices that Yahoshua came to fulfill: High Priest & King of Kings. The two tribes of Lewy and Yehudah represent the spirituality and the government of Yisra'el. These two offices become one again when YAH establishes the Order of Malki-Tzedeq.				**1** 4th Sabbath Iyar 15
2 Omer 29 Iyar 16	**3** Omer 30 Iyar 17	**4** Omer 31 Iyar 18	**5** Omer 32 Iyar 19	**6** Omer 33 Iyar 20	**7** Omer 34 Iyar 21	**8** 5th Sabbath Iyar 22
9 Omer 36 Iyar 23	**10** Omer 37 Iyar 24	**11** Omer 38 Iyar 25	**12** Martyrdom of Thomas Apostle of Yahoshua	**13** Omer 40 Iyar 27	**14** Omer 41 Iyar 28	**15** 6th Sabbath Iyar 29
16 Omer 43 Iyar 30	**17** SIWAN 1 Renewed Month	**18** Omer 45 Siwan 2	**19** Omer 46 Siwan 3	**20** Omer 47 Siwan 4	**21** Omer 48 Siwan 5	**22** 7th Sabbath Siwan 6
23 Shebu'ot Feast of Pentacost (777)	**24** Siwan 8	**25** Siwan 9	**26** Siwan 10	**27** Siwan 11	**28** Siwan 12	**29** Siwan 13
30 Siwan 14	**31** Siwan 15	The High Priest and King of Kings AND WE ALL OF US RAN TOGETHER, AND LEWY LAID HOLD OF THE SUN, AND YEHUDAH OUTSTRIPPED THE OTHERS AND SEIZED THE MOON, AND THEY WERE BOTH OF THEM LIFTED UP WITH THEM. AND WHEN LEWY BECAME AS A SUN, LO, A CERTAIN YOUNG MAN (YAHOSHUA) GAVE TO HIM TWELVE BRANCHES OF PALM; AND YEHUDAH WAS BRIGHT AS THE MOON, AND UNDER THEIR FEET WERE TWELVE RAYS." (NAPHTALI 5:3-4)				

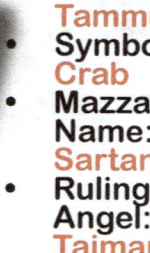

SARTAN = CRAB

- **4th Month:** Tammuz
- **Symbol:** Crab
- **Mazzaroth Name:** Sartan
- **Ruling Angel:** Taimani

June 2021

TAMMUZ /תמוז

The Crab
The Crab is known for its claws and its strong grip. In the same way YAHOSHUA holds on to us firmly and does not let go. "AND I GIVE UNTO THEM ETERNAL LIFE; AND THEY SHALL NEVER PERISH, NEITHER SHALL ANY MAN PLUCK THEM OUT OF MY HAND." (JOHN 10:28)

First Yom Reshon Sunday	Second Yom Shenee Monday	Third Yom Shelishi Tuesday	Fourth Yom Rebi'ee (Midst of Week) Wednesday	Fifth Yom Khamishee Thursday	Sixth Yom Shi'shee Friday	Sabbath Shabbath Saturday
He Holds Us In His Hands "ARISE, LIFT UP THE LAD, AND HOLD HIM IN THINE HAND; FOR I WILL MAKE HIM A GREAT NATION." (GENESIS 21:18)		**1** Siwan 16	**2** Siwan 17	**3** Siwan 18	**4** Siwan 19	**5** Siwan 20
6 Siwan 21	**7** Siwan 22	**8** Siwan 23	**9** Siwan 24	**10** Siwan 25	**11** Siwan 26	**12** Siwan 27
13 Siwan 28	**14** Siwan 29	**15** Siwan 30	**16** SUMMER SOLSTICE	**17** TAMMUZ 1 Renewed Month	**18** Tammuz 2	**19** Tammuz 3
20 Tammuz 4	**21** Tammuz 5	**22** Martyrdom of Jude Apostle of Yahoshua	**23** Tammuz 7	**24** Tammuz 8	**25** Martyrdom of Peter & Paul Apostle of Yahoshua	**26** Tammuz 10
27 Tammuz 11	**28** Tammuz 12	**29** Tammuz 13	**30** Martyrdom of Nathaniel Apostle of Yahoshua	**Hold Fast To Your Crown** "BEHOLD, I COME QUICKLY: HOLD THAT FAST WHICH THOU HAST, THAT NO MAN TAKE THY CROWN." (REVELATION 3:11)		

ARIYAH = LION

- 5th Month: Ab
- Symbol: Lion
- Mazzaroth Name: Ariyah
- Ruling Angel: Berak'EL

July 2021

AB / אב

The Lion
The Lion is King of all beasts and a fierce protector of his pride. In the same way, YAHOSHUA is King of all kings and invincible in battle. Without the male lion, the pride is defenseless and vulnerable.

First Yom Reshon Sunday	Second Yom Shenee Monday	Third Yom Shelishi Tuesday	Fourth Yom Rebi'ee (Midst of Week) Wednesday	Fifth Yom Khamishee Thursday	Sixth Yom Shi'shee Friday	Sabbath Shabbath Saturday
The Lion of The Tribe of Judah AND ONE OF THE ELDERS SAITH UNTO ME, WEEP NOT: BEHOLD, THE LION OF THE TRIBE OF YEHUDAH, THE ROOT OF DAWID, HATH PREVAILED TO OPEN THE BOOK, AND TO LOOSE THE SEVEN SEALS THEREOF. (REVELATION 5:5)				**1** Tammuz 15	**2** Tammuz 16	**3** Tammuz 17
4 Tammuz 18	**5** Tammuz 19	**6** Tammuz 20	**7** Tammuz 21	**8** ✝ Martyrdom of James Apostle of Yahoshua	**9** Tammuz 23	**10** Tammuz 24
11 Tammuz 25	**12** Tammuz 26	**13** Tammuz 27	**14** Tammuz 28	**15** Tammuz 29	**16** Tammuz 30	**17** AB 1 Renewed Month
18 Ab 2	**19** Ab 3	**20** Ab 4	**21** Ab 5	**22** Ab 6	**23** Ab 7	**24** Ab 8
25 Ab 9	**26** Ab 10	**27** Ab 11	**28** Ab 12	**29** Ab 13	**30** Ab 14	**31** Ab 15

BETHULAH = VIRGIN

- 6th Month: **Elul**
- Symbol: **Virgin**
- Mazzaroth Name: **Bethulah**
- Ruling Angel: **Zelabshe'EL**

August 2021
ELUL / אלול

The Virgin

The Virgin represents Miryam YAHOSHUA's mother. Miryam is from the seed of Dawid. She fulfilled the Messianic prophecy given in the Garden of Eden. Miryam's lineage is from Eli (Heli) a descendant of Nathan, son of David in Luke 3:23.

First *Yom Reshon* Sunday	Second *Yom Shenee* Monday	Third *Yom Shelishi* Tuesday	Fourth *Yom Rebi'ee* *(Midst of Week)* Wednesday	Fifth *Yom Khamishee* Thursday	Sixth *Yom Shi'shee* Friday	Sabbath *Shabbath* Saturday
1 Ab 16	2 Ab 17	3 Ab 18	4 Ab 19	5 Ab 20	6 Ab 21	7 Ab 22
8 Ab 23	9 Ab 24	10 Ab 25	11 Ab 26	12 Ab 27	13 Ab 28	14 Ab 29
15 Ab 30	16 **ELUL 1** Renewed Month	17 Elul 2	18 Elul 3	19 Elul 4	20 Elul 5	21 Elul 6
22 Elul 7	23 Elul 8	24 Elul 9	25 Martyrdom of Bartholomew Apostle of Yahoshua	26 Elul 11	27 Elul 12	28 Elul 13
29 Elul 14	30 Elul 15	31 Elul 16	**Behold A Virgin Shall Be With Child** "AND IN THE SIXTH MONTH THE ANGEL GABRI'EL WAS SENT… TO A VIRGIN ESPOUSED TO A MAN WHOSE NAME WAS YOSEPH, OF THE HOUSE OF DAWID; AND THE VIRGIN'S NAME WAS MIRYAM. AND THE ANGEL… SAID… YAHOWAH IS WITH THEE: BLESSED ART THOU AMONG WOMEN. (LUKE 1:26-28)		

- **7th Month:** Tishrei
- **Symbol:** Scales
- **Mazzaroth Name:** Mozenim
- **Ruling Angel:** El'yasaph

MOZENIM = SCALES

September 2021
TISHREI / תשרי

The Scales
The Hebrew word for scales is the same word for balances. Scales were used to measure out the cost to pay for something. Yahoshua used His own blood and weighed it in the balance to pay for all of our sins.

First Yom Reshon Sunday	Second Yom Shenee Monday	Third Yom Shelishi Tuesday	Fourth Yom Rebi'ee (Midst of Week) Wednesday	Fifth Yom Khamishee Thursday	Sixth Yom Shi'shee Friday	Sabbath Shabbath Saturday
"LET ME BE WEIGHED IN AN EVEN BALANCE, THAT ELOHIM MAY KNOW MINE INTEGRITY." (JOB 31:6) "WHO HATH MEASURED THE WATERS IN THE HOLLOW OF HIS HAND, AND METED OUT HEAVEN WITH THE SPAN, AND WEIGHED THE MOUNTAINS IN SCALES, AND THE HILLS IN A BALANCE?" (ISA 40:12)			**1** Elul 17	**2** Elul 18	**3** Elul 19	**4** Elul 20
5 Elul 21	**6** Elul 22	**7** Elul 23	**8** Elul 24	**9** Elul 25	**10** Elul 26	**11** Elul 27
12 Elul 28	**13** Elul 29	**14** Elul 30	**15** FALL EQUINOX	**16** TISHREI 1 Yom Teruah	**17** Tishrei 2	**18** Tishrei 3
19 Tishrei 4	**20** Tishrei 5	**21** Tishrei 6	**22** Tishrei 7	**23** Tishrei 8	**24** Tishrei 9	**25** Yom Kippur Tishrei 10
26 Tishrei 11	**27** Tishrei 12	**28** Tishrei 13	**29** Sukkoth Eve Tishrei 14	**30** Sukkoth Tishrei 15		

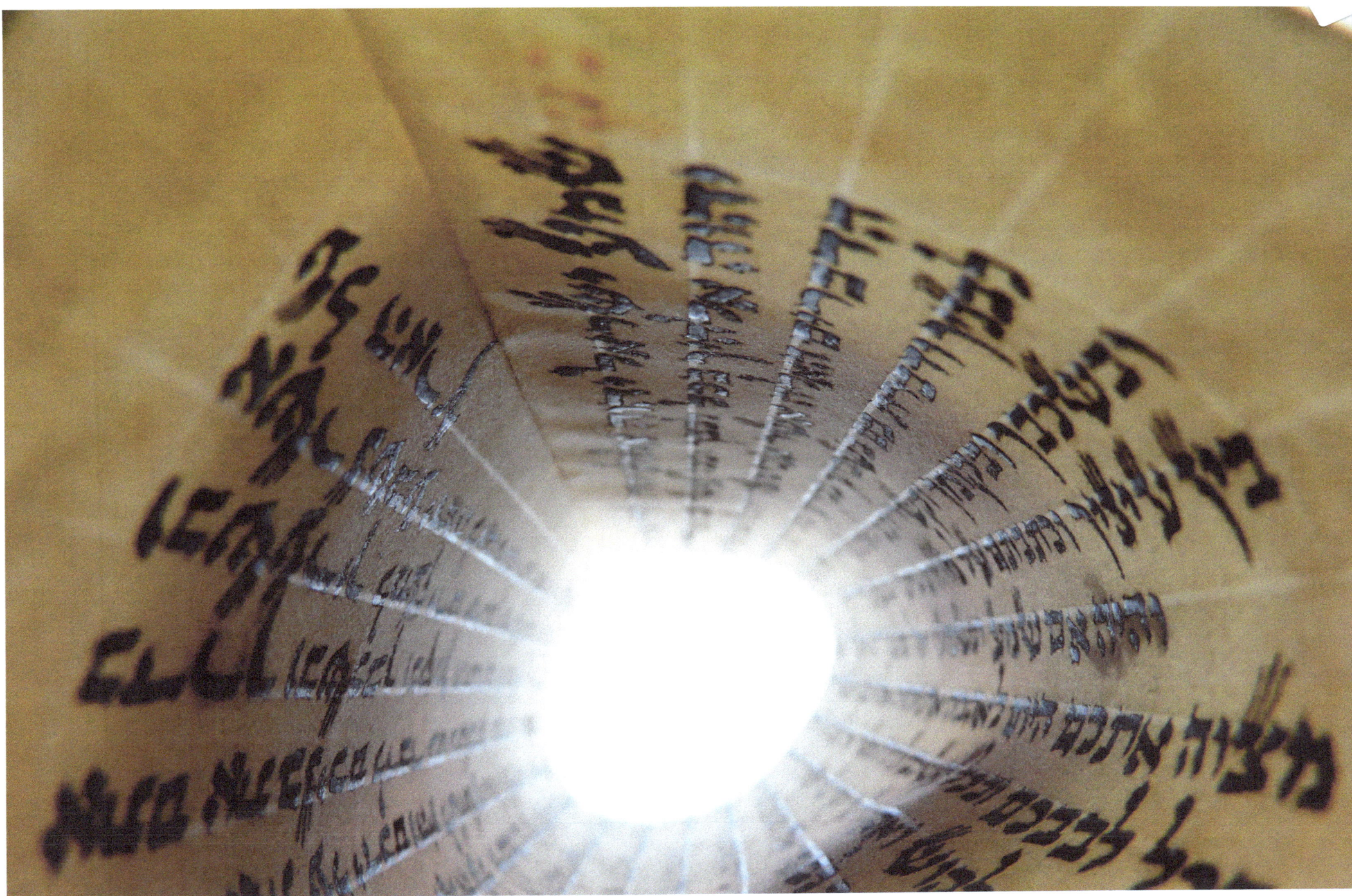

Kheswan / October 2021 חשון

First *Yom Reshon* Sunday	Second *Yom Shenee* Monday	Third *Yom Shelishi* Tuesday	Fourth *Yom Rebi'ee* *(Midst of Week)* Wednesday	Fifth *Yom Khamishee* Thursday	Sixth *Yom Shi'shee* Friday	Sabbath *Shabbath* Saturday
Aqrqb = Scorpion • 8th Month: Kheshwan • Symbol: Scorpion • Mazzaroth Name: Aqrab • Ruling Angel: Shemesh Zoreakh		**The Scorpion** Yahoshua's victory over death is represented by Him crushing the head of the Scorpion. When His foot trode upon the Scorpion's head, its tail stung Yahoshua's heel. He had to endure death to defeat the Devil.			**1** Tishrei 16	**2** Tishrei 17
3 Tishrei 18	**4** Tishrei 19	**5** Martyrdom of Matthew Apostle of Yahoshua	**6** Tishrei 21	**7** **End Sukkoth** Tishrei 22	**8** Tishrei 23	**9** Tishrei 24
10 Tishrei 25	**11** Tishrei 26	**12** Tishrei 27	**13** Tishrei 28	**14** Tishrei 29	**15** Martyrdom of Luke Apostle of Yahoshua	**16** **Kheshwan 1** Renewed Month
17 Kheshwan 2	**18** Kheshwan 3	**19** Kheshwan 4	**20** Kheshwan 5	**21** Kheshwan 6	**22** Kheshwan 7	**23** Kheshwan 8
24 Kheshwan 9	**25** Kheshwan 10	**26** Kheshwan 11	**27** Kheshwan 12	**28** Kheshwan 13	**29** Kheshwan 14	**30** Kheshwan 15
31 Kheshwan 16	**Treading Upon Serpents and Scorpions** "And he said unto them, I beheld Satan as lightning fall from heaven. Behold, I give unto you power to tread on serpents and scorpions, and over all the power of the enemy: and nothing shall by any means hurt you." (Luke 10:18)					

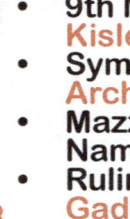

Qashet = Archer

- 9th Month: Kislew
- Symbol: Archer
- Mazzaroth Name: Qashet
- Ruling Angel: Gad'EL

November 2021
KISLEW / כסלו

The Archer
The Archer depicts YAHOSHUA, as victorious over death. He holds the bow and arrows in His hands. In the book of Revelation YAHOSHUA leads the 144,000 and the Heavenly Host into victory over the Dragon and the Beast.

First Yom Reshon Sunday	Second Yom Shenee Monday	Third Yom Shelishi Tuesday	Fourth Yom Rebi'ee (Midst of Week) Wednesday	Fifth Yom Khamishee Thursday	Sixth Yom Shi'shee Friday	Sabbath Shabbath Saturday
	1 Kheshwan 17	**2** Kheshwan 18	**3** Kheshwan 19	**4** Kheshwan 20	**5** Kheshwan 21	**6** Kheshwan 22
7 Kheshwan 23	**8** Kheshwan 24	**9** Kheshwan 25	**10** Martyrdom of Philip Apostle of Yahoshua	**11** Kheshwan 27	**12** Kheshwan 28	**13** Kheshwan 29
14 Kheshwan 30	**16** ☀ **KISLEW 1** Renewed Month	**17** Kislew 2	**18** Kislew 3	**19** Kislew 4	**20** Kislew 5	**21** Kislew 6
22 Kislew 7	**23** Kislew 8	**24** Kislew 9	**25** Kislew 10	**26** Kislew 11	**27** Martyrdom of Andrew Apostle of Yahoshua	**28** Kislew 13
29 Kislew 14	**30** Kislew 15	**31** Kislew 16				

The Arrows of YAHOSHUA
"YEA, HE SENT OUT HIS ARROWS, AND SCATTERED THEM; AND HE SHOT OUT LIGHTNINGS, AND DISCOMFITED THEM." (PSALMS 21:12)

- **10th Month:** Tebet
- **Symbol:** Goat
- **Mazzaroth Name:** Gedi
- **Ruling Angel:** Ka'EL

GEDI = GOAT

December 2021
TEBET / טבת

The Goat
After YAHOSHUA'S confrontation with the Scorpion and subsequent death and ressurection, His precious blood became the Sin Offering for our souls. The goat is the animal that is sacrificed on Yom Kippur for the sins of Yisra'EL.

First Yom Reshon Sunday	Second Yom Shenee Monday	Third Yom Shelishi Tuesday	Fourth Yom Rebi'ee (Midst of Week) Wednesday	Fifth Yom Khamishee Thursday	Sixth Yom Shi'shee Friday	Sabbath Shabbath Saturday
The Sin Offering "Then shall he kill the goat of the sin offering, that is for the people, and bring his blood within the vail… and sprinkle it upon the mercy seat." (Leviticus 16:15)			**1** Kislew 17	**2** Kislew 18	**3** Kislew 19	**4** Kislew 20
5 Kislew 21	**6** Kislew 22	**7** Kislew 23	**8** Khanukah Eve Kislew 24	**9** Khanukah Kislew 25	**10** Kislew 26	**11** Kislew 27
12 Kislew 28	**13** Kislew 29	**14** Kislew 30	**15** WINTER SOLSTICE	**16** TEBET 1 End Khanukah	**17** Tebet 2	**18** Tebet 3
19 Tebet 4	**20** Tebet 5	**21** Tebet 6	**22** Tebet 7	**23** Tebet 8	**24** Tebet 9	**25** Tebet 10
26 Ascension of John Apostle of Yahoshua	**27** Tebet 12	**28** Tebet 13	**29** Tebet 14	**30** Tebet 15	**31** Tebet 16	

Shebat / January 2022 שבט

First Yom Reshon Sunday	Second Yom Shenee Monday	Third Yom Shelishi Tuesday	Fourth Yom Rebi'ee (Midst of Week) Wednesday	Fifth Yom Khamishee Thursday	Sixth Yom Shi'shee Friday	Sabbath Shabbath Saturday
Deli = Water Drawer	• 11th Month: Shebat • Symbol: Water Drawer • Mazzaroth Name: Aqrab • Ruling Angel: Ha'EL		<u>The Water Bearer</u> When Yahoshua was crucified, His side was pierced and blood and water flowed out. His blood was the outpouring of The Ruakh Ha' Qodesh (The Holy Spirit). The Water Bearer pours out His Ruakh into His Disciples.			**1** Tebet 17
2 Tebet 18	**3** Tebet 19	**4** Tebet 20	**5** Tebet 21	**6** Tebet 22	**7** Tebet 23	**8** Tebet 24
9 Tebet 25	**10** Tebet 26	**11** Tebet 27	**12** Tebet 28	**13** Tebet 29	**14** Tebet 30	**15** ☀ **Shebat 1** Renewed Month
16 Shebat 2	**17** Shebat 3	**18** Shebat 4	**19** Shebat 5	**20** Shebat 6	**21** Shebat 7	**22** Shebat 8
23 Shebat 9	**24** Shebat 10	**25** Shebat 11	**26** Shebat 12	**27** Shebat 13	**28** Shebat 14	**29** Shebat 15
30 Shebat 16	**31** ✝ Martyrdom of James Alphaeus Apostle of Yahoshua	<u>The Pitcher of Water</u> "And he sendeth forth two of his disciples, and saith unto them, Go ye into the city, and there shall meet you a man bearing a pitcher of water: follow him." (Mark 14:13)				

- **12th Month:** Adar
- **Symbol:** Fish
- **Mazzaroth Name:** Dagim
- **Ruling Angel:** Asaph'EL

DAGIM = FISH

February 2022
ADAR / אדר

The Fish
Since YAHOSHUA poured out His RUAKH which is represented by water, then we like fish must be able to live in that water. True Disciples live in the Spirit as fish live in the water. It is our job to become fishers of men.

First *Yom Reshon* Sunday	Second *Yom Shenee* Monday	Third *Yom Shelishi* Tuesday	Fourth *Yom Rebi'ee* *(Midst of Week)* Wednesday	Fifth *Yom Khamishee* Thursday	Sixth *Yom Shi'shee* Friday	Sabbath *Shabbath* Saturday
The Fishers Net "YAHOSHUA SAITH UNTO THEM, BRING OF THE FISH WHICH YE HAVE NOW CAUGHT. SHIMON KEPHA WENT UP, AND DREW THE NET TO LAND FULL OF GREAT FISHES." (JOHN 21:10-11)		**1** Shebat 18	**2** Shebat 19	**3** Shebat 20	**4** Shebat 21	**5** Shebat 22
6 Shebat 23	**7** Shebat 24	**8** Shebat 25	**9** Shebat 26	**10** Shebat 27	**11** Shebat 28	**12** Shebat 29
13 Shebat 30	**14** ☀ **ADAR 1** **Renewed Month**	**15** Adar 2	**16** Adar 3	**17** Adar 4	**18** Adar 5	**19** Adar 6
20 Adar 7	**21** Adar 8	**22** Adar 9	**23** Adar 10	**24** Adar 11	**25** Adar 12	**26** Adar 13
27 Martyrdom of Matthias **1st Day Purim** Apostle of Yahoshua	**28** **2nd Day Purim** Adar 15	**Fishers of Men** "Now as he walked by the sea of Galilah, he saw Shimon and Andre his brother casting a net into the sea: for they were fishers. And YAHOSHUA said unto them, Come ye after me, and I will make you to become fishers of men." (Mark 1:16-17)				

Tela = Lamb

- **1st Month:** Abib
- **Symbol:** Ram
- **Mazzaroth Name:** Tela
- **Ruling Angel:** Adnar'el

March 2022

ABIB / אביב

The Ram

The first symbol of YAHOSHUA, as the "Lamb slain from the foundation of the world." (Rev 13:8) He is the leader of the sheep, adorned with a crown (horns). This Mazzaroth represents strength, sacrifice and purity.

First Yom Reshon Sunday	**Second** Yom Shenee Monday	**Third** Yom Shelishi Tuesday	**Fourth** Yom Rebi'ee (Midst of Week) Wednesday	**Fifth** Yom Khamishee Thursday	**Sixth** Yom Shi'shee Friday	**Sabbath** Shabbath Saturday
		1 Adar 16	**2** Adar 17	**3** Adar 18	**4** Adar 19	**5** Adar 20
6 Adar 21	**7** Adar 22	**8** Adar 23	**9** Adar 24	**10** Adar 25	**11** Adar 26	**12** Adar 27
13 Adar 28	**14** Adar 29	**15** Adar 30	**16** SPRING EQUINOX	**17** ABIB 1 New Years	**18** Abib 2	**19** Abib 3
20 Abib 4	**21** Abib 5	**22** Abib 6	**23** Abib 7	**24** Abib 8	**25** Abib 9	**26** Abib 10
27 Abib 11	**28** Abib 12	**29** Abib 13	**30** Crucifixion Passover Eve Abib 14	**31** Passover Abib 15		